ブックレットシリーズ 3

“人間・神の子”は立憲主義の基礎

なぜ安倍政治ではいけないのか？

監修　谷口雅宣

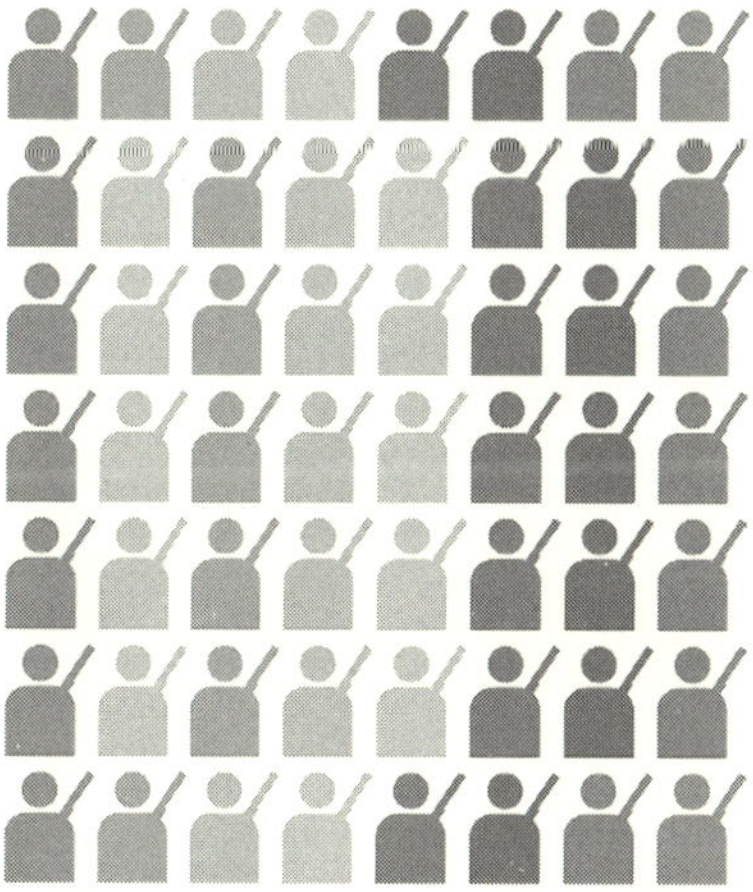

生長の家

〝人間・神の子〟は立憲主義の基礎――なぜ安倍政治ではいけないのか？／目次

第二章　立憲主義の否定

――安倍政権は独裁への道を開く恐れがある

本文イラスト・永谷宗宏

はじめに

生長の家は二〇一六年六月九日、夏の参議院選挙に対する生長の家の方針「与党とその候補者を支持しない」を発表しました。その理由は、自民党総裁の安倍晋三氏が率いる自公連立政権が二〇一二年以来、立憲主義《りっけんしゅぎ》をないがしろにし、生長の家の信仰や信念と相容《あいい》れない政策や政治運営を行ってきたからです。

この安倍政権に日本の政治をこのまま任せておくことの危険と問題を理解するためには、まず、同政権がないがしろにしている「立憲主義」が、実は西洋の近代民主主義のみならず、明治維新以降の日本の天皇制の根幹を成す思想であるということを知らなければなりません。また、生長の家の〝人間・神の子〟の教えは、その立憲主義の基礎となる信仰であるのです。このことが分かると、立憲主義をないがしろにし、独裁志向を強める安倍政権では、私たちの信仰的立場からも、また日本の伝統からも、大きな問題であることがよく理解されるでしょう。

それでは、立憲主義とは一体どのようなものなのでしょうか？　それはなぜ大切なのでしょうか？　〝人間・神の子〟の教えは立憲主義の基礎となるものですが、それはどういう点においてでしょうか？　また、安倍政権は立憲主義をないがしろにすることによって、どのような政治を行っているのでしょうか？　なぜ安倍政治ではいけないのでしょうか？　このブックレットでは、これらの理由について説明していきます。

まず第一章では、立憲主義とは何かについて述べた後、〝人間・神の子〟の教えは「一人ひとりがかけがえのない絶対価値を持つ」という内容であり、基本的人権が尊重されるべき根拠となるという意味で、立憲主義の基礎となることを説明します。次に第二章では、安倍政権が立憲主義を否定し、自ら敵を作り出す安全保障政策を行い、対外危機をあおって国民の支持を得ることで、民主主義の制度を利用して独裁政治へ進む恐れがあることを説明します。最後に第三章では、民主主義には独裁政治のために利用される恐れがある一方で、独裁政治を防ぐことができることを確認したあと、生長の家が目指している国の形を明示します。それは、一人ひとりの国民の主体的で自由な選択が〝神の子〟の良心の表現となることによって善き社会の実現につながること、すなわち〝神の子〟の良心に基づく立憲民主主義の実現です。

第一章　〝人間・神の子〟は立憲主義の基礎

1. 立憲主義とは何か

立憲主義とは憲法が権力を制限すること

立憲主義とは、「憲法によって権力を制限し、憲法を権力に遵守《じゅんしゅ》させる」ことです。[*1] ごく少数の権力者が大多数の国民を勝手気ままに支配するという多くの失敗例を経験しながら、人類が試行錯誤を重ねて生み出したのが立憲主義です。[*2] 立憲主義とは、三省堂の『大辞林（第三版）』では「憲法に基づいて政治を行うという原理」のことだと説明されていますが、その場合の「憲法」とは、権力者の都合のよいように作られたものを指すのではありません。それはいわゆる〝近代的意味〟での憲法であり、国民の基本的人権の保障や国の権力分立など、十七世紀以降のヨーロッパ市民革命の成果を踏まえて、国の政治の基本的仕組みを定めた法規範の全体を指します。英語ではこれを「constitution《コンスティテューション》」と表記し、日本では幕末から明治初期にかけて、この英語を「国憲」とか「憲法」と訳して使われました。従って、聖徳太子が定めた「十七条憲法」（六〇四年制定）とは系譜を異《こと》にするものです。「十七条憲法」は宗教的、倫理的規範として、また行政機関の内部規律として定められましたが、「国民の基本的人権を権力から護《まも》る」という視点は含まれていません。つまり、権力者の上に存在する規範が憲法であり、権力者の行動は憲法によって拘束《こうそく》されるという原理が立憲主義なのです。[*3]

人権保障と権力分立が重要な要素

このように立憲主義の特徴は、基本的人権を保障するとともに、権力の濫用《らんよう》を防止するための権力分立《ぶんりつ》を定めた憲法を土台として、国を運営することです。[*4] 人権保障と権力分立を定めた憲法のことを「立憲的意味での憲法」と呼びます。[*5] たとえばフランス人権宣言の第十六条では、「権利の保障が確保されず、権力の分立が定められていない社会は、憲法をもつものとは言えない」と定めていますが、そこで意味されているのが「立憲的意味での憲法」です。[*6]

「信仰の自由」を権力に守らせる

近代的意味での憲法では、保障されるべき国民の人権の一つとして「信仰の自由」が定められ、それを侵《おか》さないよう権力を制限するようになりました。それは十六世紀のヨーロッパで宗教改革が起こり、キリスト教がカトリックとプロテスタントの二つの考えに大きく分かれるようになったためです。

　それ以前の中世ヨーロッパでは、人としての正しい生き方はただ一つ、カトリック教会が教えるものに決まっていました。ところが、宗教改革によってプロテスタントの考え方が生まれ、異なる信仰が対立するようになりました。そのため、十六世紀から十七世紀のヨーロッパでは、悲惨《ひさん》な宗教戦争が起こりました。それは、どの宗教を信じるかを個人の良心の自由に任《まか》せるのではなく、ある一つの宗教を国家が権力によって国民に押しつけようとしたためでした。その宗教戦争の教訓から、「信仰の自由」を権力に守らせ、多様な宗教の共存をはかることが立憲主義の重要な目的の一つになりました。こうして、政治権力と特定の宗教・宗派とが結びつくのを禁じる「政教分離」が要請《ようせい》されるようになったのです。[*7]

＊1　樋口陽一・小林節著『「憲法改正」の真実』（集英社新書、二〇一六年）、三八頁。
＊2　佐藤幸治著『立憲主義について――成立過程と現代』（左右社、二〇一五年）、一二～一四頁。
＊3　山口二郎・杉田敦・長谷部恭男編『立憲デモクラシー講座　憲法と民主主義を学びなおす』（岩波書店、二〇一六年）、vi頁。
＊4　『立憲主義について――成立過程と現代』、一五～一六頁。
＊5　長谷部恭男著『憲法とは何か』（岩波新書、二〇〇六年）、七〇頁。
＊6　同頁。
＊7　長谷部恭男著『憲法と平和を問いなおす』（ちくま新書、二〇〇四年）、四八～五九頁、『憲法とは何か』、六九～七一頁。

2. 立憲主義は近代天皇制の根幹

この立憲主義の考え方は、実は昭和天皇が把持《はじ》し続けられた国政上の大原則でした。昭和天皇は、その根拠を明治天皇の大日本帝国憲法発布《はっぷ》*1の際の、次のような勅語《ちょくご》の中に見出されていました。

朕及《ちんおよび》朕カ子孫ハ将来此《こ》ノ憲法ノ条章ニ循《したが》ヒ之《これ》ヲ行フコトヲ愆《あやま》ラサルヘシ

ここで重要なのは「此ノ憲法ノ条章ニ循ヒ」という一節です。これを言い換えれば、天皇といえども「憲法の条章」に反する行為は行ってはいけないということです。憲法の規定に違反しないことについて「愆《あやま》らない」という表現が使われていることは重要です。この「愆《けん》」の意味は「心が正しい道をあやまる」ことですが、その元となる「衍《えん》」の字は、一定の水路を流れていた水が溢《あふ》れ出して、広範囲に及ぶことを意味します。つまり、国家の元首である皇帝や天皇は、自分の意志によって権力を行使する範囲を拡大することができるかもしれないが、それをするのは「愆《あやま》り」であるから、自分も自分の後に来る歴代の天皇も、将来にわたって、憲法の規定に従って義務を果たすべきとの教えが、この勅語《ちょくご》の意味なのです。評論家の山本七平《しちへい》氏は、この勅語に対する昭和天皇の御気持について、「昭和天皇にとってはこの制限は明治天皇が定められたもの、いわば〝祖宗《そそう》〟の掟《おきて》であり、絶対に違反してはならないものであった」[*2]と述べています。また同氏は、この勅語のもとに発布《はっぷ》された同憲法に於《お》ては、天皇の大権《たいけん》が具体的にどのように制限されていたかを示す「もっとも重要な条文」[*3]として第五十五条の規定を挙げています。

第五十五条
國務各大臣ハ天皇ヲ輔弼《ほひつ》シ其《そ》ノ責ニ任ス。
二　凡《すべ》テ法律勅令《ちょくれい》其ノ他　國務ニ關《かかわ》ル詔勅《しょうちょく》ハ國務大臣ノ副署《ふくしょ》ヲ要ス。

国務大臣が天皇を「輔弼する」という意味は、天皇の大権の行使について進言したり助言することです。しかしその助言の結果行使された大権についての責任は、天皇にではなく、国務大臣に帰すると定めているのが「其ノ責ニ任ス」という記述です。また、同条二項では、天皇の名で出される法律、勅令その他の詔勅には、すべて国務大臣の副署（天皇の署名に副《そ》えられた国務大臣の署名）が必要だと明記されていますから、副署を拒否することによって、国務大臣は天皇の大権行使を制限できることになります。これらをまとめて、山本氏は「この規定にもとづけば天皇は閣議に出席できず、閣議での発言権をもたず、閣議の決定に拒否権をもたないことになる」[*4]と書いています。このような考え方は、天皇を国の専制君主としてではなく、議会や内閣と同等の一つの「機関」として認めるものですから「天皇機関説」と呼ばれ、一九三五年までは日本憲政の主流的な考え方でした。一九三五年とは、天皇機関説事件で美濃《みの》部達吉《べたつきち》博士が糾弾《きゅうだん》された年です。憲法学者の樋口陽一氏によると、わが国ではこの事件後、「美濃部のような自由主義的な憲法学は国禁《こっきん》の説とされ、憲法の解釈がまったく違ってしまった」のでした。樋口氏は、この事件に至るまでは、「政府や議会だけでなく、宮中までもが天皇機関説に納得し、国政すべてがその前提で運営されていた」[*5]と述べています。その大きな理由の一つは、前述したように、昭和天皇御自身が立憲主義にもとづく「天皇機関説」を明治天皇の〝遺訓《いくん》〟として把持《はじ》されてきたからだと言えるでしょう。

その証拠には、昭和天皇御自身が述べられた言葉として『木戸幸一《きどこういち》日記』の昭和二十年九月二十九日の条には、次のように書かれています――

自分が恰《あたか》もファシズムを信奉《しんぽう》するが如く思はるゝことが、最も堪《た》へ難《がた》きところなり、実際余りに立憲的に処置し来りし為《た》めに如斯《かくのごとき》事態となりたりとも云《い》ふべく、戦争の途中に

於《おい》て今少し陛下は進んで御命令ありたしとの希望を聞かざるには非《あら》ざりしも、努めて立憲的に運用したる積《つも》りなり

（『木戸幸一日記　下巻』、一一三八頁）

この天皇の御回想が、御自身の行為の正当化のためでないことは、戦前、当時の侍従武官長《じじゅうぶかんちょう》、本庄繁《ほんじょうしげる》による『本庄日記』の次の記述（昭和八年九月七日の条）を読めば分かるでしょう――

陛下は、侍従長に、祖宗《そそう》の威徳《いとく》を傷つくるが如きことは自分の到底同意し得ざる処《ところ》、親政《しんせい》と云ふも自分は憲法の命ずる処《ところ》に拠《よ》り、現に大綱を把持して大政を総攬《そうらん》せり。之《こ》れ以上何を為すべき。又憲法の停止の如きは明治大帝の創制せられたる処のものを破壊するものにして、断じて不可なりと信ずと漏《も》らされたりと。

（『本庄日記《普及版》』、一六三頁）

ここで昭和天皇が「憲法の停止」に言及されているのは、昭和六年（一九三一年）の年末ごろに、秩父宮《ちちぶのみや》殿下が陛下に「憲法の停止による御親政」を建言《けんげん》されたらしいことが、本庄氏の日記にあることと関係しています。これから分かることは、天皇機関説が失脚する数年前から、日本国内では、天皇の大権を制限する立憲主義の思想に反対する勢力が一定の力をもっていて、

それが天皇の側近の宮家にも影響力を及ぼしていたということです。これに対して昭和天皇が、断乎《だんこ》として拒否する姿勢をとられたことは、私たちにとって大変重要な意味をもっています。

＊1　明治二十二年（一八八九年）二月十一日。
＊2　山本七平著『戦争責任は何処に誰にあるか——昭和天皇・憲法・軍部』（さくら舎、二〇一六年）、四二頁。
＊3　前掲書、四三頁。
＊4　同頁。
＊5　樋口陽一・小林節著『「憲法改正」の真実』（集英社新書、二〇一六年）、五六頁。

3. 立憲主義の基礎となる〝人間・神の子〟の教え

基本的人権の尊重は一人ひとりの絶対価値を認める

生長の家の〝人間・神の子〟の教えは、こうした立憲主義の基礎である「基本的人権」の考え方と多くの共通点をもっています。

基本的人権とは、人間の生存にとって欠かすことのできない権利と自由のことで、近代国家にあっては憲法で保障されています。単に「人権」とも「基本権」とも呼ばれ、個人が生まれながらにして持ち、侵《おか》すことのできない権利とされています。一般に権利とは、「一定の利益を主張・享受《きょうじゅ》するための手段として、法律によって一定の資格者に与えられている力」（『新潮国語辞典』）のことですが、基本的人権は、利益のための手段ではなく、また法律や憲法が与えても与えなくても、すべての個人が生まれながらにしてもっている基本的価値のことを言います。

中世以前の社会では、そんなものは認められていないのがほとんどでした。「神」や「仏」など、個人を超えた存在に絶対的価値を認める多くの宗教では、個人は神の〝道具〟であり、〝手段〟であり、〝犠牲〟であることに価値があるとされていた時代もありました。しかしその一方で、仏教の伝統の中では、「すべての人間には仏性《ぶっしょう》が宿っている」という如来蔵《にょらいぞう》思想[*1]が生まれ、日本に於《お》いては人間を超えた「一切衆生《しゅじょう》（生物）」にも仏性があると説かれるようになりました。また、日本土着の宗教である神道では、個々の自然物一つ一つに「霊が宿る」と考えてきたことや、男性を「日子《ひこ》」、女性を「日女《ひめ》」と称して、天照大神《あまてらすおおみかみ》の一種の〝分身〟のように把《とら》える思想が養われてきました。

このような考え方は、自然界や人間社会を構成する〝部分〟を、いつでも代替《だいたい》のきく、価値の低い一部と見なす思想とは違い、〝部分〟は全体にとって不可欠の価値をもつと考える思想を表しています。さらに、欧米の文化の基盤となったユダヤ=キリスト教の思想においても、聖書の『創世記』には、「神は自分のかたちに人を創造された」（第一章二七節）[*2]と記述されていて、神と人間の本質的同一性が暗示されています。また、新約の福音書《ふくいんしょ》の中には、神のことを「あ

立憲主義の基礎

なたがたの父」とか「あなた方の天の父」と表現している箇所《かしょ》が数多くあり、神と人間との本質的一致が暗示されています。さらにイエスは〝主の祈り〟と呼ばれる模範的祈りをする際には、人間は神に対して「天にいますわれらの父よ」と呼びかけることを教えています。加えて、『マタイによる福音書』第二三章九節[*3]では、「地上のだれをも、父と呼んではならない。あなたがたの父はただひとり、すなわち、天にいます父である」と教え、ここでも神と人間との本質的一体性が説かれています。

このように、政治や社会の現実はともかく、宗教の教えの中には、洋の東西を問わず、人間は一人一人が生まれながらにして「神」や「仏」の本質を宿した価値ある存在であると説く伝統が継承されてきたことは否定できません。政治思想としての立憲主義は、だからこれらの宗教的価値を現実の政治に反映させるための精神的〝枠組み〟と考えることができるのです。

人間はみな〝神の子〟であり、一人ひとりがかけがえのない絶対価値を持っています。そのことを、生長の家創始者・谷口雅春先生は、次のように説かれました。

神は人間を神の最高の自己実現として創造したのである。それにも関《かか》わらず、誰ひとりとして同じ人間は存在しないのである。何故《なぜ》なら神は自己の内に「無限」を蔵《ぞう》し給うのであるから、それを具体化するときには、具体的には「無限」を重複して顕現《けんげん》することができないから、すべて個性ある独得《どくとく》の貴《とうと》き姿をもって表現せられるのである。それゆえにあなたは、他に類型のない独得《ユニーク》な存在であり、かけがえのない絶対価値の存在であるのである。

（『新版 栄える生活365章』、一四一頁）

つまり、私たち一人ひとりが、神の〝無限〟の表現のために欠くことのできない存在なのです。そのことを谷口雅春先生は、さらに次のように説かれています。

神は〝無限〟であるが、神は〝あなた〟一個を自己から欠くことが起れば、最早《もはや》〝無限〟

よりも〝あなた〟という一個を不足したものとなるのである。あなたは、それゆえ、神にとって欠くべからざる〝絶対価値〟としての存在であるのである。あなたは、あなた自身の絶対価値を信じなければならない。あなたは全宇宙に於《お》いて、かけがえのない存在なのである。誰一人、あなたと同じ個性をもった存在もなければ、誰一人あなたの代用となる存在もないのである。あなたが全宇宙に於《お》いて為《な》し得《う》る〝生き方〟を誰も代行することは出来ないし、また宇宙に於てあなたの貢献《こうけん》し得る仕事を誰も同じように貢献することはできないのである。あなたはこの点に於て、宇宙に対して絶対価値である。あなたは神に対して唯一の絶対価値者であるのである。

（同書、二一五〜二一六頁）

このように生長の家では、人間は神の〝無限〟の表現として、一人ひとりがかけがえのない絶対価値を持つ〝神の子〟だと考えます。だから、この〝人間・神の子〟の教えは、基本的人権が尊重されるべき根拠となるという意味で、立憲主義の基礎となるものだと言えるのです。

一九四八年十二月十日に国連総会で採択された「世界人権宣言」の前文には、「人類社会のすべての構成員の固有の尊厳と平等で譲《ゆず》ることのできない権利とを承認することは、世界における自由、正義及び平和の基礎である」と書かれています。それは世界のすべての人々に基本的人権が認められるべきことを宣言したものです。〝人間・神の子〟の教えは、したがって「基本的人権の尊重」という、世界で共通して支持されている理念を宗教的に基礎づけるものといえるでしょう。

「善を行う自由」が「信仰の自由」の基礎

続いて、立憲主義の不可欠の要素である「信仰の自由」あるいは「信教の自由」（日本国憲法第二十条）について、それがなぜ大切なのか、そして、それが生長の家の教えとどのような関係にあるかを考えてみましょう。

「信教の自由」とは、「どんな宗教を信じるのも信じないのも自由であること」（『広辞苑 第六版』）といわれています。この「信教の自由」について、公益財団法人・新日本宗教団体連合会（新《しん》宗連《しゅうれん》）が二〇一六年二月に発行した小冊子『信教の自由とは何か。』に、Q&A形式で分かりやすく説明されていますので、紹介します。

Q：「信教の自由」とは何でしょうか？

A：「信教の自由」とは「自分が信じたい宗教を信じることができる」ということです。宗教は生き方や世界観そのものです。自らが信じるとおりに生きる自由が認められないと、他の自由も認められませんので、「信教の自由」は基本的人権の根源とも言えます。

Ｑ：「信教の自由」は宗教を信じていない人にとっては関係ないですよね？
Ａ：「何も信じないこと」も「信教の自由」で守られていますので、無関係ではありません。例えば、あなたが、ある宗教への入信を強く勧《すす》められたとしましょう。あなたにはそれを断る権利があります。信じたくないものを信じない自由を保障しているのも、「信教の自由」なのです。（同書、一頁）

この新宗連による説明からも分かるように、「信教の自由」は、何らかの信仰を持つ人にとって大切な考え方であると同時に、信仰を持たない人にとっても、信じたくないものを信じなくてもよいことを保障してくれているものです。つまり、宗教を信じる信じないに関わらず、万人にとって大切な考え方と言えるのです。

では、生長の家の信徒の皆さんにお聞きします。

Ｑ：生長の家の教えは素晴らしく、絶対の真理であるから、生長の家がもっと広まったら、憲法にある「信教の自由」の条文を外して、「宗教は生長の家を信じること」を条文化することはよいことでしょうか。
Ａ：答えは否《いな》です。たとえ自分の信仰する宗教であっても、「特定の一つの宗教だけを信じなさい」という条文が法律にできれば、他宗の人が自分の信じたい宗教を信じる自由を奪《うば》うことになり、それらの人々の基本的人権は否定されます。

生長の家では、「人間が自由であること」をとても大切だと考えます。なぜなら、自由は〝善〟を実現するために必要不可欠なものだからです。たとえ外見上は善い行為であっても、それが権力によって強制されたものであれば、本当の意味で善を実現したとは言えません。なぜなら、そこには自由がないからです。谷口雅春先生は、「元来、刑罰が恐ろしくて善き行ないをする者は本当の善き人ではない。刑罰の有無にかかわらず、善を愛する心から善をなす者にしてははじめて真に善人ということをうるのである」[*4]と説かれました。同様のことを、生長の家総裁・谷口雅宣先生は、次のように説かれています。

ある所におっかないお父さんがいて、子供がいつもビクビクしている家庭があったとします。そんな家で子供が何でもハイハイとお父さんの言うとおりにやっていたら、そういう子を「よい子」と言えるでしょうか？　私は、言えないと思います。幼い時は、そんな環境が一時的に必要な場合があるかもしれないが、そんな状態が長く続いては子供の善性は開発されない。そうではなくて、「自由にしていいから、好きなようにやりなさい」と言われた時に、自分で考えてとった行動が善い行いであった場合、本当の意味で「よい子」として認められる。

（『生長の家ってどんな教え？』、一二四～一二五頁）

　このように、「信教の自由」あるいは「信仰の自由」が大切なのは、人間には「善を表現する」という本性があり、その本性が表現されるためには、強制によるのではなく、自由が認められるべきだからです。つまり、絶対価値を持った一人ひとりの個人が、何を信じ、どのような生き方を正しいと考えるかを、自由な選択によって主体的に決めることが善の実現に必要であり、そのような生き方ができることが、人間が〝神の子〟と呼ばれる理由なのです。

　この「信仰の自由」の大切さについて、生長の家前総裁・谷口清超先生は、次のように説かれました。

　かつて人々は全ての国で宗教を持ち、その宗教（未発達であっても）の行事を国家行事として行って来たのである。そのため宗教の相違が、国と国との間の争いの種子にもなって来たし、今でもその名残《なご》りを残す戦いを続けている国や地域がある。

　しかしこの状態では、個人の信仰というものが確立されているとは言い難いのである。「信仰の自由」などという考えも、全く未発達の時代を人類は経過したのである。けれども次第に、何を信ずるか、又信じないかを、自分のいのちの主体性に於《お》いてきめることの尊さと悦びを知るようになって来た。言論の自由でも、職業選択の自由でも、古代に

於いてはありえなかったのである。（中略）

そこで近代的な進歩した国々では、信仰の自由や言論の自由が追求されるようになり、その自由の中で吾々が本心に照して正しいと思う宗教あるいは学説・理論を選び取り、かつ説き、又実行するようになって来たのであった。

（『生長の家は伸びる』、一一～一二頁、強調は原文のまま）

この人類史の流れは「植物の双葉《ふたば》から若樹《わかぎ》への生長過程とおなじこと」であり、「この発展を逆転して、古代の神権《しんけん》国家へ機械的に逆もどりさせることは不可能であり、又その歴史的意味はないのである」と、谷口清超先生は説かれています。*5 つまり、「善を行う自由」は〝神の子〟としての人間にふさわしいものであり、立憲主義は、そのための環境を政治的に実現するために不可欠な要素なのです。

「万教帰一《ばんきょうきいつ》」の教えが宗教の共存を可能にする

立憲主義における「信仰の自由」は、多様な宗教の共存を図ることを目的としていますが、生長の家の教えは、この「宗教の共存」という目的にも大いに貢献できるものです。というのも、生長の家は「名称は各民族各宗派にて異《こと》なれども、神（又は仏）が吾らの救いの本尊であること」

を信じ、「すべての宗教が時と場所と救いの対象たる人とを異《こと》にするに随《したが》い、異る説き方をもってあらわれたる同一根元神の教《おしえ》なることを信ずる」からです（『新編 聖光録』七八頁）。生長の家では、これを「万教帰一」の信仰と呼んでいます。谷口雅宣先生が説かれているように、これはすべての宗教をみんな一つに、生長の家にしてしまうという意味ではなく、「一」から「万」が、すなわち一つの真理から多様な宗教が発展したと考え、各宗教の文化的特性を尊重する考え方です。*6

生長の家では、世界に多くの種類の宗教があるのは、「真理そのもの」が数多くあるのではなく「真理の表現」が数多くあるからであり、「真理そのもの」は一つであると考えています。人類に共通する救いの原理はただ一つであり、その唯一の救いの原理が時代や地域等の違いに応じて、多様に表現されてきたと考えるのです。したがって、生長の家では、自分の宗教のみが正しいと考える排他的《はいたてき》な立場をとりません。

近代ヨーロッパで「信仰の自由」が成立する過程においては、宗教戦争を通じて人々の信奉《しんぽう》する宗教が複数あることが認識され、さらには、アフリカやアジア各国への大航海を通じてさまざまな異文化に触れ、人々の価値観・世界観が多様であると認められるようになったことが決定的に重要な役割を果たしました。*7 人、物、金、そして情報が国境を越えて大量かつ急速に移動する現代において、このことは大航海時代にもまして重要だと言えるでしょう。現代における「万教帰一」の教えの重要性について、谷口雅宣先生は、次のように説かれています。

二十一世紀初頭の現在は、ご存じの通り、国際化、グローバリゼーションの時代で、地球上のすべての人々の意識が〝統一〟に向かって進んでいるのであります。この有力な手段となっているのは、マスメディアや、通信技術の発達、交通機関の発展による人・物・金、そして情報の大量かつ急速な移動です。（中略）こういう環境の中で、すべての宗教はバラバラであるという考え方では、人類はやっていけないし、平和の実現は無理なんです。そんなことは歴史に逆行することになる。

生長の家は、様々な形に発達してきたいろいろの宗教の中に「共通点」を見出し、さらにそれらの共通点と「一つの真理」との関係を明らかにし、それらを多くの宗教が承認することができれば、宗教共存の道が開けると考えています。その際、各宗教のもつ特徴や個性については、それぞれの宗教の発展過程で生まれた文化的違いであると考え、否定するのではなく、互いに尊重することで人類の文化の多様性と豊かさを維持することを目指します。

（『生長の家ってどんな教え？』、六三～六四頁）

このように、生長の家の説く「万教帰一」の教えは、立憲主義が目指す「宗教の共存」の方向と軌《き》を一つにしているのです。

＊1　一切衆生に内在する仏となりうる可能性。煩悩に覆われた状態の真如。仏性と同義で、インドの中期大乗において発展した思想。（『広辞苑 第六版』）
＊2　口語訳。
＊3　口語訳。
＊4　谷口雅春著『生命の實相』頭注版第十四巻倫理篇 下／教育篇（日本教文社、一九六三年）、一五一頁。
＊5　谷口清超著、生長の家本部広報・編集部編『生長の家は伸びる――両軸体制ハンドブック』（生長の家、一九八九年）、一二頁。
＊6　谷口雅宣著『生長の家ってどんな教え？――問答有用、生長の家講習会』（生長の家、二〇一二年）、五八頁。
＊7　長谷部恭男著『憲法とは何か』（岩波新書、二〇〇六年）、五頁、七一頁。

第二章　立憲主義の否定
――安倍政権は独裁への道を開く恐れがある

1. 多数者の支持による独裁

安倍首相は「民主主義に立憲主義は不要」と考える

第一章で述べたように、立憲主義とは、憲法によって権力を制限し、憲法を権力に遵守《じゅんしゅ》させるという考え方です。ところが安倍首相は、民主主義の時代には憲法で国家権力を縛《しば》る必要はないと考え、その点で立憲主義を否定しています。以下に引用する安倍首相自身の言葉を含味《がんみ》してください。

まず立憲主義について、安倍首相は著書『日本よ、世界の真ん中で咲き誇れ』（ワック、二〇一三年）の中で次のように述べ、立憲主義を王制（君主制）時代の古い考え方だと否定的に述べています。

憲法の議論でよく言われるのは、憲法というのは国の権力を縛るものだという考え方です。しかしこれはある意味、古色蒼然《こしょくそうぜん》とした考え方であって、専制主義《せんせいしゅぎ》的な王制があった時代では、憲法はたしかに権力者に対して権力の行使を縛るものでした。

（同書、四四頁）

安倍首相は、国会でもこれと同様の意味の答弁をし、立憲主義について否定的に評価しました。

憲法について、考え方の一つとして、いわば国家権力を縛るものだという考え方はありますが、しかし、それはかつて王権が絶対権力を持っていた時代の主流的な考え方であって、今まさに憲法というのは、日本という国の形、そして理想と未来を語るものではないか、このように思います。

（二〇一四年二月三日衆議院予算委員会）[*1]

国の理想と未来さえ語れば、憲法は国家権力が暴走した過去の失敗を心配しなくてもいいというのは、あまりに単純で、非現実的ではないでしょうか。過去の歴史から学ばない者は、歴史を何度でも繰り返すことになります。その意味で、「王権が絶対権力を持っていた時代」の数々の悲惨な出来事が再び起こらないように、国家権力を規制し、統制することは、多大な犠牲を払って学び取った人類共通の英知の反映であり、将来にわたっても改善しながら維持していくべき〝安全装置〟であっても、決して「古色蒼然《こしょくそうぜん》とした考え方」ではありません。

国家権力にとって憲法は自分を縛るものですから、あまり気持ちのいい存在ではないかもしれません。しかし、支配される国民の側から見れば、憲法が権力の暴走を未然に防ぐ仕組みを定めていることによって、自由で豊かな生活への道程《どうてい》が開かれるのです。ですから、これらの民主的な制度をきちんと定めた憲法がいったん制定されれば、それを国家権力の都合によって簡単に変更することはできるだけ防がねばなりません。そんな理由で、一般の法律の改正と憲法改正の間には、自《おの》ずから難易度の違いが出てくることになります。現行の日本国憲法が第九十六条で、改憲の発議が「各議院の総議員の三分の二以上の賛成」を得なければできないと定めているのは、このためです。

ところが安倍首相は、著書の中で、憲法改正の発議が両院の議員の「過半数の賛成」で可能となるようにすべきだという持論を展開しています。しかし、そうなれば、選挙ごとの政党間の力関係によって、国民の権利を守るはずの憲法の条文が、今よりずっと変えやすくなります。権力者にとって、それは好都合かもしれませんが、国民はそれを手放しで喜べるものでは決してありません。

衆参どちらかで三分の一をちょっとだけ超えた国会議員が反対すれば、過半数以上の国民が憲法を変えたいと思っていても指一本触れることができないのは、私はおかしいと思っています。したがって、まず〔日本国憲法〕九十六条を変えて、これまで国会のなかに閉じ込められてきた憲法改正に対して国民の意思が届きやすくする、まさに憲法を国民の手に取り戻す、というのが私の考えです。

（『日本よ、世界の真ん中で咲き誇れ』、四六頁）

安倍首相のこの言葉には、現実を無視した言い換えが使われています。それは「過半数以上の国民が憲法を変えたいと思っていても」の部分と、「国民の意思が届きやすくする」という部分です。この二カ所で使われている「国民」の語は、正確に表現するつもりならば「国会議員」とするべきです。

私たち国民が経験して知っている国政選挙の現実は、自分が投票して当選した議員であっても、必ずしも自分の期待通りに行動しないということです。「無所属」で立候補した候補者が、当選後に特定の政党に入ることはザラにありますし、ひどい場合には、A党で選挙を戦った人が、当選後はB党に鞍替《くらが》えすることだってあります。また、自分が支持する「選挙公約」を掲げた政党が、選挙後には公約などどこ吹く風というように、別の政策の実施に注力することも珍しくありません。また、選挙後の政党間の折衝《せっしょう》によって、公約とは違う政策を選択したり、「努力したけど無理だった」と言い訳するだけで、公約の実現を実質的に放棄《ほうき》してしまう場合もあります。

これらのことが起こるのは、憲法の前文に書かれているように、私たちは「正当に選挙された国会における代表者を通じて行動」するという議会制民主主義の条件下にあるからです。言い換えると、自分の意を汲《く》んで国会で活動してくれると思う「代表者」を選挙で選ぶことで、「間接的に」政治に参加する方法を採用しているからです。当選した議員は私たちの「代表者」ではありますが、私たちそれぞれと同一の人間ではありません。また、「代表者」というのは、国民一人を代表するのではなく、何千人、何万人、時には何十万人もの投票者の意思を代表するのですから、それらすべての国民の意見は同じではないので、結局、議員本人が選んだ行動をするほかはなく、投票者すべての意にかなうことにはなりません。つまり、「国会議員＝選挙民」ではないのです。「国会議員の意思＝選挙民の意思」でもありません。

だから、「過半数以上の国民が憲法を変えたいと思っている」というような荒っぽい分析のもとに、憲法を改正しやすくするというのは、政治家にとっては都合がよくても、国民にとっては大変危険です。だいたい現在日本が直面している問題は、「憲法を改正するかしないか」ではなく、「憲法のどこをどう変えるか」ということです。憲法は、その全体が一貫性をもった思想と価値観で貫かれた基本法ですから、その改正は、自家用車のモデルチェンジのように簡単にいくはずがないのです。自家用車であれば、Aさんの好みとBさんの好みが別であっても、一向に問題は生じません。Aさんの選択は、Bさんの生活や生き方に影響しないからです。しかし、憲法の一つの条文をAさんが変えれば、Bさん、Cさん、Dさん……だけでなく、国民全体の生活と生き方に大きな影響を及ぼします。安倍首相の論法を自動車のモデルチェンジに喩《たと》えれば、自動車を所有する国民すべてに対して「モデルチェンジに賛成か？」と問いかけるようなものです。答えは当然、「過半数以上の国民」が賛成するでしょう。しかし、「モデルチェンジは一箇所だけであり、その変更は全国の自家用車すべてに強制的に適用される」と言えば、そんな変更に賛成する人の数は相当減少するでしょう。ましてや、モデルチェンジの内容について、車の所有者はあまり関与できないとなれば、反対者の数の方が多くなるに違いありません。自分の生活の手段として、また楽しみの一部として利用している自家用車の機能の一つが、自分が関与できない所で、ある日突然、勝手に変更される——それだけでも不合理なのに、そのような変更をしやすくすることを、「国民の意思が届きやすくする」ことだといい、それが「自動車を国民の手に取り戻す」ことだというのが、安倍首相の論法です。詭弁《きべん》以外の何ものでもありません。

このように安倍首相は、「国民の権利擁護《ようご》のために国家権力を縛るのが憲法だ」という立憲主義の考えを拒否するだけでなく、国家権力の一部である議会において憲法を変更しやすくすべきだという見解の持ち主なのです。それはいったい誰のためでしょうか? 何のためでしょうか? 立憲主義を否定しているのですから、国民のためでないことは確かです。ということは、為政者《いせいしゃ》のためだと判断せざるを得ません。そう考えると、安倍政権がこれまで違憲とされてきた「集団的自衛権」を、正式な憲法改正の手続きを経ることなく一内閣の解釈だけで「合憲」とみなし、それを〝数の力〟で法制化するという極めて強引な政治運営を行った理由が理解できるのではないでしょうか。恐らく、自分の好きなように自衛隊を使いたいのです。

民主主義とは

立憲主義は、近代民主主義の基本です。そのことを思い出すために、そもそも「民主主義とは何か」について、ここで確認しておきましょう。

「民主主義」とは「デモクラシー」(democracy)の訳語の一つです。「デモクラシー」は古代ギリシアに由来する言葉であり、その元々の意味は「民衆による支配」です。制度としてのデモクラシーは「民主制」と訳され、思想としてのデモクラシーは「民主主義」と訳されます。*2 つまり「民主主義」とは、国民全体を一人が支配する「君主制」や、少数者が支配する「貴族制」あるいは「寡頭《かとう》制」*3ではなく、多数者が支配することです。

民主主義の思想は、「自分たちのことは自分たちで決めたい」という自己決定・自己統治、つまり政治的自由の要求から来るものです。[*4] 古代ギリシアでは、都市国家（ポリス）としての意思決定を行うため、市民は「民会」と呼ばれる市民総会に直接参加する民主制、すなわち〝直接民主制〟が採用されていました。しかし、それは都市国家という規模の小さな共同体においてのみ可能な制度でした。近代国家では国民が選挙によって自分たちの代表者を選び、その代表者が議会において国家としての意思決定を行う〝間接民主制〟が採《と》られるようになり、現在に至っています。[*5]

民主主義が「多数者の専制《せんせい》」となるとき

この民主主義は、多数派による少数派の抑圧を肯定する考え方と結びつくことがあります。実際、直接民主制を採っていた古代ギリシアでは、多数派の貧しい人々が少数派の金持ちから力ずくで富を奪おうとし、それに金持ちが抵抗するという事態が発生しました。[*6]

また、間接民主制が最初に取り入れられたのは一八世紀、独立革命後のアメリカにおいてでしたが、そのアメリカでも多数者が少数者の所有権を侵害するという事態が発生しました。これは、公共の利益のため、というよりも、自分の利益だけを追求する人々が政治に参加したとき、利害対立が激しくなり、多数者が少数者の権利を侵害するという事態が生じたのです。そうした中でしばしば口にされるようになったのが、「多数者の専制」という言葉でした。「専制」

という言葉はそれまでは「一人の支配」と結びつけられていましたが、それが「多数者の支配」にも結びつくようになったのです。*7

そこでアメリカでは、多数者の支持をテコとして優位に立っていた立法府《りっぽうふ》の権力に歯止めをかけるため、立法・行政・司法の三権を分立させるだけでなく、立法府自体をさらに上院と下院の二つに分割するという権力分立《ぶんりつ》の制度を作り、それを憲法に定めたのでした。*8 近代成文憲法が初めてできたのはアメリカにおいてでしたが、*9 他の近代国家においても、具体的な制度のあり方には相違があるとはいえ、「多数者の専制」を防ぐために権力分立を重要な要素とするという点では一致しています。立憲主義を「王制時代の古色蒼然《こしょくそうぜん》としたもの」とみなす安倍首相の考え方は、こうした歴史的経緯を無視していると言うべきでしょう。

立憲主義と民主主義のバランス

第一章の冒頭で述べたように、立憲主義とは憲法によって権力を制限し、憲法を権力に遵守《じゅんしゅ》させることですが、それは権力者が一人や少数の場合のみならず、多数であっても変わりません。君主制や貴族制・寡頭《かとう》制においてのみならず、民主制の下であっても、「多数者の専制」を防ぐために、権力を憲法によって制限するのが立憲主義なのです。したがって、「民主主義に立憲主義は不要」という安倍首相の考え方は、立憲主義の本質を無視したものと言わざるを得ません。

この立憲主義を民主主義と組み合わせたのが「立憲民主主義」です。それは、一方で人々の政治的自由を最大限に認めつつ、その民主的な権力といえども憲法で制約し、多数者が好き勝手に権力を使うのを防ぐことによって、立憲主義と民主主義との間でバランスを取ろうとする考え方です。[*10]

憲法学者の樋口陽一氏と小林節《せつ》氏によると、このバランスの取り方は国によって異なっており、たとえば現代のフランスにおいては民主主義をより重視しているのに対し、ドイツでは立憲主義の方に重点を置いています。アメリカはドイツほどではないにしても、立憲主義の方に寄っています。そのバランスの取り方は、歴史や社会的条件に応じて各国それぞれでよいのですが、いずれにしても、何らかのやり方で立憲主義と民主主義の間でバランスを取っています。[*11]

憲法が単純多数決で改正できない理由

第一章で述べたように、人権保障と権力分立をその構成要素とする憲法のことを「立憲的意味での憲法」と呼びます。この意味での憲法は、近代国家においては過半数の単純多数決では改正できないようにされています。つまり、憲法に定める人権を、立法府における民主的な手続き、すなわち過半数で結論を決める単純多数決の手続きによっても、侵《おか》すことができないようにしているのです。[12]

先にも述べたように、安倍首相は、憲法を単純多数決で変更できるようにすべきだという考え方を表明しています。しかし、立憲主義が憲法を過半数の単純多数決だけでは変えられないようにしている（つまり憲法を硬性化《こうせいか》している）のは、「多数者の専制」によって少数者の自由や権利が侵害されないようにするためです。それは改正回数が多いことで知られるドイツの憲法（ドイツ連邦共和国基本法）でも同様であり、上院と下院の双方で、単純多数決ではなく特別多数決が、すなわち構成員の三分の二の賛成が必要とされています。[13]

たしかに、戦後のドイツでは憲法改正が五九回にわたって行われています。しかし、その理由は、日本では法律レベルで規定されている内容が、ドイツでは憲法で規定されているからです。[14]ドイツの憲法改正の内容は、政府の中央－地方関係（連邦政府と州政府の関係）に関するものがほとんどです。それは日本で言う地方自治法の内容に相当するものであり、人権保障に関するものではありません。そもそもドイツの憲法には、国民の基本権の保障という根本原理については変更を禁じる条項があります。[15]つまり、改正回数が多いことで有名なドイツの憲法といえども、人権保障という憲法の根本原理については全く変えていないし、変えることはできないのです。

多数者の支持による独裁は現実にあった

それに対して、憲法改正は単純多数決でよいとする安倍首相の考えは、多数派が支配的に振る舞ってよいと考える「絶対民主主義」の思想であり、少数者の人権を踏みにじるような結果となる恐れがあります。[*16]「絶対民主主義」の考え方では、権力者が多数者に支持された上で独裁政治を行うのを防ぐことができなくなります。その証拠に、戦前のドイツや日本では、権力者が民衆からの支持を得て実際に独裁政治を行っています。

戦前のドイツでヒトラー率《ひき》いるナチスが政権の座についたのは、民主的な選挙を通じてでした。一九三二年七月の議会選挙でナチスは三七・四パーセントの得票率で議会第一党となり、一九三三年一月三十日にヒトラーを首相とする政権が発足しました。その約二カ月後の三月二十三日には、いわゆる「全権委任法《ぜんけんいにんほう》（または授権法《じゆけんほう》）」が議会で可決され、首相のヒトラーに対して、議会の同意なしに自由に法律を制定できるという独裁的な権限が与えられました。こうしたナチス独裁体制は、民主的な選挙と議会での採決を通じて確立されたということを、私たちは忘れてはいけません。[*17] ちなみに、このいわゆる「全権委任法（授権法）」の正式名称は、「民族および国家の危急を除去するための法律」というものでした。[*18]

戦前の日本でも、軍部独裁体制が多数者の支持を得て確立されました。一九三八年四月一日に公布された「国家総動員法」は、「国家総動員上必要ある時」は、政府が「勅令《ちよくれい》」という形式で、ありとあらゆる「人的資源」と「物的資源」を動員するための立法行為を、議会を無視して行えるようにするものでした。この「国家総動員法」は、当時の帝国議会で野党の一部から「ナチスの授権法《じゆけんほう》にも比肩《ひけん》しうるもの」であり憲法違反だという批判があったものの、結局は満場一致で可決されたのです。*19

戦前のドイツや日本でこうした独裁体制が敷かれていったのは、時の政権が対外的危機を利用したことがその大きな理由でした。次節で説明するように、安倍政権にもその兆候が見られることに、私たちは注意しなければなりません。

＊1　第一八六回国会　衆議院予算委員会　会議録第三号（平成二十六年二月三日）http://www.shugiin.go.jp/internet/itdb_kaigiroku.nsf/html/kaigiroku/001818620140203003.htm（二〇一六年十月二日アクセス）
＊2　平野仁彦・亀本洋・服部高宏著『法哲学』（有斐閣、二〇〇二年）、二七二頁。
＊3　権力が少数者に集中している支配体制（『大辞林』）。
＊4　佐々木毅著『民主主義という不思議な仕組み』（ちくまプリマー新書、二〇〇七年）、一一五～一一六頁。
＊5　前掲書、第一章～第二章。
＊6　前掲書、二七～二八頁。
＊7　佐々木毅・鷲見誠一・杉田敦著『西洋政治思想史』（北樹出版、一九九五年）、一三六～一三八頁。
＊8　前掲書、一三八～一四〇頁。
＊9　佐藤幸治著『日本国憲法論』（成文堂、二〇一一年）、六～七頁。
＊10　樋口陽一・小林節著『「憲法改正」の真実』（集英社新書、二〇一六年）、三八～四三頁。

＊11　前掲書、四七頁。
＊12　長谷部恭男著『憲法と平和を問いなおす』（ちくま新書、二〇〇四年）、六一～六二頁、長谷部恭男著『憲法とは何か』（岩波新書、二〇〇六年）、七〇～七一頁。
＊13　木村草太「憲法96条改正はなぜ問題外なのか？（中）――諸外国との比較」WEBRONZA（二〇一三年五月二十七日）http://webronza.asahi.com/politics/articles/2013052400011.html（二〇一六年十月十四日アクセス）
＊14　国立国会図書館「諸外国における戦後の憲法改正【第４版】」二〇一四年四月二十四日発行 http://dl.ndl.go.jp/view/download/digidepo_8624126_po_0824.pdf?contentNo=1（二〇一六年十月十四日アクセス）
＊15　木村草太「憲法96条改正はなぜ問題外なのか？（中）――諸外国との比較」WEBRONZA（二〇一三年五月二十七日）http://webronza.asahi.com/politics/articles/2013052400011.html（二〇一六年十月十四日アクセス）
＊16　『「憲法改正」の真実』、四四頁。
＊17　野田宣雄著『ヒトラーの時代（上）』（講談社学術文庫、一九七六年）、第一章～第二章。
＊18　佐藤幸治著『立憲主義について――成立過程と現代』（左右社、二〇一五年）、一四一頁。
＊19　山口定著『ファシズム』（岩波現代文庫、二〇〇六年）、二三八～二三九頁。

2. 自ら敵を作り出す安全保障政策

安倍政権は安全保障環境の厳しさを強調する

安倍政権は日本を取り巻く安全保障環境が厳しさを増していることを強調し、それを理由に

「抑止力《よくしりょく》」を強化すべきことを力説してきました。しかし、安倍政権による「抑止力」の強化策は、強硬な姿勢に片寄っているという点で、却《かえ》って逆効果となる恐れがあるのです。そのことを理解するために、まずは安倍政権がいかに強硬な姿勢を取ってきたかを確認した後、そもそも「抑止」とは何であり、それが効果を上げるためにはどんなことが必要かを見ていくことにしましょう。

二〇一四年七月一日、安倍内閣は集団的自衛権の行使を合憲とする憲法解釈を閣議決定しましたが、その日の記者会見で安倍首相は、「今回の閣議決定は、我が国を取り巻く安全保障環境がますます厳しさを増す中、国民の命と平和な暮らしを守るために何をなすべきかとの観点から、新たな安全保障法制の整備のための基本方針を示すものであります」と述べました。[*1]

『平成二十八年版 防衛白書』も、日本を取り巻く安全保障環境がいっそう厳しさを増していると力説しており、その具体例として、北朝鮮が核兵器や弾道ミサイルの開発を進めていること、中国が軍事力を増強させ、東シナ海や南シナ海で積極的な海洋進出を図っていること、「イラク・レバントのイスラム国」(ISIL)などの国際テロ組織の活動が活発化していることなどを挙げています。[*2]

安倍政権は「抑止力」をことさらに強調する

安倍首相は、その同じ記者会見で、「万全の備えをすること自体が日本に戦争を仕掛けようとする企《たくら》みをくじく大きな力を持っている。これが抑止力《よくしりょく》です」と述べ、抑止力の重要性を主張しました。[*3] 安倍首相はこの記者会見で次のように述べ、抑止力を強化する必要があるのは安全保障環境が厳しさを増しているからだという認識を示しています。

段々安全保障環境が厳しくなる中において、正にそうした切れ目のないしっかりとした態勢を作ることによって、抑止力を強化し、そして全く隙《すき》のない態勢を作ることによって、日本や地域はより平和で安定した地域になっている、そう考えたわけであります。
（傍線は引用者）

前掲の『防衛白書』も、「日米同盟の抑止力を向上させることにより、武力紛争を未然に回避し、わが国に脅威が及ぶことを防止することが必要不可欠である」と述べ、抑止力向上の必要性を訴えています。[*4]

安倍政権と日本会議の強硬な姿勢

抑止力の必要性を強調する安倍政権に目立つのは、中国や北朝鮮に対する強硬な姿勢であり、それは右翼組織「日本会議」と一致しています。安倍政権の誕生と行動の背後に「日本会議」があり、それが物心両面で安倍政権を支えているということは、『日本会議の研究』[5]や『日本会議——戦前回帰への情念』[6]などの著作で明らかになっています。実際、二〇一六（平成二十八）年八月三日に発足した第三次安倍第二次改造内閣においても、二〇名の閣僚のうち一六名（すなわち八割）が、「日本会議国会議員懇談会」に所属しています。[7]

戦史・紛争史研究家の山崎雅弘氏によると、安倍政権と日本会議は、中国や北朝鮮の脅威を強調している点、そして中国や北朝鮮に対して強硬な姿勢で臨むべきことを訴えている点で、ほぼ一致しています。

たとえば日本会議は、その公式ウェブサイトにある「日本会議が目指すもの」で挙げられている六項目の五番目を「国の安全を高め世界への平和貢献を」と題し、中国や北朝鮮の脅威を次のように強調しています。

年々増強される中国の軍事力や北朝鮮によるミサイル発射事件は、東アジアの平和にとって大きな脅威となっています。わが国が、憲法の制約を理由に集団的自衛権を行使しないならば、日米の防衛協力は画《え》に書いた餅《もち》にすぎなくなり、アジア・太平洋の軍事的危機はますます高まっていくでしょう。早急に防衛体制の整備を図らねばなりません。

（「日本会議が目指すもの」[8]）

また、二〇一一年十一月二十一日には、日本会議が主催する「尖閣《せんかく》諸島を守る全国国民集会」で、当時の三好達《とおる》会長（現名誉会長）は、「我が国が、これから先、かの国（中国）からの理不尽な要求に対して、毅然《きぜん》として対応していくためには全ての国民が覚悟を定めなければならない。日本会議は、今後も領土・領海を守る運動に一層の努力を傾ける」と述べています。*9

一方、この同じ集会で、当時下野《げや》していた安倍首相も登壇して次のように述べ、中国に対する強硬な態度を露《あら》わにしました。

いま、私たちは、国民の意思を示さなければならない。中国を刺激しなければ、日本の領土領海は問題ないという考え方が、我が国の外交方針のなかに長くあったことは事実です。これは反省を込めていうのですが、しかし、それで果たして私達の国益は確保されたのでしょうか。例えば、東シナ海のガス田はどうだったでしょうか。（中略）

尖閣においても中国は一九八〇年代に発表した戦略的辺境《へんきょう》という理論に基づいて、海洋で行動しています。国が発展して経済が成長していくなかにおいて、国力、軍事力によって排他的《はいたてき》経済水域を変えて行くことができるという考え方に則《のっと》って、彼らは軍事費を増強し続けてきたのです。いま私たちが為すべきことは国の意思を示していくこと。それは何かといえば、この島は断乎《だんこ》として守るという意思の表明です。（中略）今日、ここにお集まりになった皆さん、私たち国民の意思を中国、世界に示して行こうではありませんか。

（『日本の息吹《いぶき》』二〇一二年一月号一六～一七頁、『日本会議――戦前回帰への情念』、四五～四六頁に引用）

「抑止」とはどのようなものか

それでは、安倍首相が力説している「抑止力《よくしりょく》」とは、どのようなものなのでしょうか？ 安倍首相の言う「抑止力」は、本当に日本を安全にするのでしょうか？ そのことを考えるために、そもそも「抑止」とは何かについて見ていきましょう。

国際関係と安全保障が専門の植木千可子《うえきちかこ》氏によると、抑止とは、相手に対して報復の脅《おど》しをかけたり、自国の防御《ぼうぎょ》を固めたりすることによって相手に攻撃を思い止まらせ、自国への攻撃を未然に防ぐことです。相手に対して報復の脅しをかけることを「懲罰的抑止《ちょうばつてき》」と言い、自国の防御を固めることを「拒否的抑止」と言います。殴《なぐ》ろうとしている相手に対して「殴ったら倍にして返してやるからな。それでもいいなら殴ってみろ！」と言って諦《あきら》めさせるのが「懲罰《ちょうばつ》的《てき》抑止」です。それに対して、「拒否的抑止」は、殴ろうとしている相手に「殴っても守りが堅いからムダ！」と言って諦めさせます。つまり、攻撃してこようとしている相手に対して、その攻撃を退ける（拒否する）防衛力を保有していることを見せることによって、攻撃を諦めさせるのが「拒否的抑止」です。*10

抑止には安心供与も必要

以上の説明だけを見ると、安倍政権の強硬な姿勢は抑止力を強化するためには必要だと思われるかもしれません。しかし、植木千可子氏も指摘しているように、安倍政権がもっぱら強硬姿勢に頼る抑止を説いていることには大きな問題があります。なぜなら、抑止がその効果を上げるためには、「先に攻撃されることはない」と相手を安心させることも必要だからです。

自国への攻撃を思い止まらせるには、相手国に対して報復の脅しをかけたり（懲罰的抑止）、自国の防御を固めたりする（拒否的抑止）だけでなく、「先に攻撃されることはない」という安心を相手国に与えることも必要です。*11 というのも、その安心感がなければ、そもそも攻撃を控える意味がなくなってしまうからです。つまり、「抑止力」が効果を発揮するには、相手国との信頼関係も必要不可欠なのです。この点について、植木氏は次のように説明しています。

「その線を越えたら撃《う》つぞ」と言われて銃を構えられた時に、止まる場合はどんな時だろうか？　一つには、線を越えなければ撃《う》たれない、という安心がある場合だ。「止まれ」と叫ばれて止まったのに結局発砲されたのでは、止まるだけ損《そん》である。止まれば、相手は撃たないという安心、保障が必要だ。これが、安心供与《きようよ》だ。ここに、攻撃したらやり返される、ただし、攻撃しなければ相手から攻撃されることはない、という状況が生まれる。

（『平和のための戦争論――集団的自衛権は何をもたらすのか？』、一九三頁、傍線は引用者）

つまり、「抑止」というのは決して単純な強硬策ではなく、一方で、「報復するぞ」と脅《おど》したり、防御を固めて相手に攻撃を躊躇《ちゆうちよ》させながら、それと同時に「先に攻撃されることはない」という安心を相手に与えるという、硬軟《こうなん》両面を兼ね備える必要があるのです。*12

日本会議は中国に敵対心を抱く

ところが、安倍政権を支えるとされる日本会議に見られる態度は、中国や北朝鮮への根強い不信感と敵対心です。山崎雅弘氏によると、特に中国を敵と見なすことが、日本会議の結束の柱となっています。たとえば、二〇一四年三月三十日の日本会議年次総会での提言において、日本会議の主な論客の一人である文芸評論家の小川榮太郎氏は、中国の脅威と安倍政権の役割について次のように述べ、中国への強烈な不信感と敵対心を表しています。

中国の日本への、現代外交の常識を超えて攻撃的、組織的、国家総力戦的な姿勢は実利主義だけとは考えられない。（中略）あえてここまでやるのは実利以上に情念の問題、強烈な嫉妬《しっと》、日本を思うさま跪《ひざまず》かせてやりたいという憎悪《ぞうお》抜きには考えられない。（中略）尖閣《せんかく》で妥協すれば、軍事拠点化、日本のシーレーンの分断で、日本は事実上の属国化する。今以上に露骨な傀儡《かいらい》政権が出来る。皇室という中核価値を最優先で潰《つぶ》しに掛かるのも間違いあるまい。中国の属国化とは日本の歴史の終りそのものである。（中略）では、中国の属国にならぬ為に、日本にとって必要なことは何か。

何よりも、安倍政権が強くあり続ける事です。強さのポイントは支持率だ。保守は安倍政権の支持率アップに向けて毎日策謀《さくぼう》の限り、宣伝広報の限りを尽くさねばなりません。

（『日本の息吹』二〇一四年六月号、二〇頁。『日本会議――戦前回帰への情念』、四八～四九頁に引用。旧仮名遣いは現代仮名遣《かなづか》いに変更）

安倍政権は自ら敵を作る

安倍政権が、このような〝中国敵視〟を表明する団体の支持を得て抑止力《よくしりょく》を強調しているのだとすれば、それは自ら敵を作り出すことにつながる危険があります。というのも、一九三一年に生長の家創始者、谷口雅春先生に啓示された「〝心の法則〟と〝平和への道〟の神示」では、次のように説かれているからです。

乱を忘れざる者はついに乱に逢《あ》う。乱を忘れざるが故に常に恐怖し、乱を忘れざるが故に武備《ぶび》をたくわえ、武備を蓄《たくわ》うるが故に近隣を威脅《いきょう》し、近隣を威脅《いきょう》するがために、近隣また恐怖して武備を増す。かくの如くして近隣兵を増すを見て、また自国は更に兵を加えて互《たがい》に虎視眈々《こしたんたん》として近隣相睥睨《あいへいげい》す。

（『御守護（神示集）』、一八～一九頁。「睥睨《へいげい》」とは「にらみつけて威圧すること」）

この教えは、安全保障論の分野で「安全保障のジレンマ」（security dilemma）と呼ばれているものに相当します。「安全保障のジレンマ」とは、A国が自国の安全保障を高めようとして軍備を増強した場合、それを警戒して、周囲の国々も軍備を増強する結果、A国の安全保障環境が軍備増強の前よりもかえって悪化することです。

この「安全保障のジレンマ」は、二国間に信頼関係が結ばれていない場合に起こります。それは、たとえ双方が攻撃の意図を持っていなくても起こります。たとえば、A国がB国から攻撃を受ける可能性があることを警戒して、防衛目的で軍備を増強したとします。このとき、相互に信頼関係がないために、B国が「A国は先に攻撃してこない」と安心できないとすると、たとえA国が「防衛目的の軍備増強だ」と言っても、B国はそれを信用しようとはしません。むしろ、A国が先制攻撃の意図を持っているのではないかと疑う結果、B国も軍備増強に走ることになります。そうすると、そのB国の軍備増強がA国にも攻撃目的に見えるので、A国はますます軍備を拡張し、それがB国のさらなる軍備拡張を生む……こういう悪循環に陥《おちい》ってしまうのです。[*13]

このような疑心暗鬼《ぎしんあんき》に陥った二国間では、「先に攻撃されることはない」と安心することなど、双方にとても不可能です。むしろ、「待っていたら先にやられる」と考え、「それならこちらから先に攻撃しよう」という心理状態になりやすいのです。これを植木氏は「早い者勝ちの焦《あせ》り」と呼び、政策決定者が開戦に踏み切る大きな原因の一つに挙げています。[*14]つまり、信頼関係を形成する外交努力を行うことなく、A国がB国から攻撃される恐れがあると考えて軍備を増強してしまうと、その軍備増強が、本当にB国から攻撃を受ける危険性を高めてしまうのです。

安倍政権の安全保障政策は、強硬姿勢に片寄っているために、日本をこのような「安全保障のジレンマ」に陥らせる危険があり、抑止政策としては不十分と言わねばなりません。否、それは、対外的危機を自ら招き寄せる危険を含んでいます。そして、対外的危機が近づいた場合、それを理由に独裁体制を作り出すことのできる憲法改正草案が公表されています。それが、次節で取り上げる「緊急事態条項」です。

＊1　「平成二十六年七月一日 安倍内閣総理大臣記者会見」首相官邸ウェブサイト http://www.kantei.go.jp/jp/96_abe/statement/2014/0701kaiken.html（二〇一六年十月十五日アクセス）
＊2　防衛省編『平成28年版　日本の防衛―防衛白書―』（日経印刷、二〇一六年）、二頁。
＊3　「平成二十六年七月一日 安倍内閣総理大臣記者会見」首相官邸ウェブサイト http://www.kantei.go.jp/jp/96_abe/statement/2014/0701kaiken.html（二〇一六年十月十五日アクセス）
＊4　『平成28年版　日本の防衛―防衛白書―』、二〇八頁。
＊5　菅野完著『日本会議の研究』（扶桑社新書、二〇一六年）
＊6　山崎雅弘著『日本会議――戦前回帰への情念』（集英社新書、二〇一六年）
＊7　「【資料】 第3次安倍晋三再改造内閣の超タカ派（極右）の大臣たち」二〇一六年九月十八日改訂　俵義文（子どもと教科書全国ネット21）作成 http://www.ne.jp/asahi/kyokasho/net21/top_f.htm（二〇一六年十月十五日アクセス）
＊8　「日本会議が目指すもの」日本会議公式ウェブサイト http://www.nipponkaigi.org/about/mokuteki（二〇一六年十月十五日アクセス）
＊9　日本会議機関誌『日本の息吹』二〇一二年一月号一四頁、『日本会議――戦前回帰への情念』、四五頁に引用。
＊10　植木千可子著『平和のための戦争論――集団的自衛権は何をもたらすのか？』（ちくま新書、二〇一五年）、九四～九六頁、二一三頁。
＊11　前掲書、九〇～九一頁。
＊12　前掲書、第七章。
＊13　前掲書、一六二～一六七頁、一八七頁。
＊14　前掲書、八二～八七頁。

3. 緊急事態条項による〝内閣独裁〟

自民草案の「緊急事態条項」は「内閣独裁権条項」

自民党が二〇一二年四月二十七日に決定した「日本国憲法改正草案」（以下、「自民党草案」と略記）では、外国からの侵略、内乱、および災害などの「緊急事態」を扱う第九章（九十八条・九十九条）が新しく提案されています。憲法学者の木村草太氏は、この自民党草案の「緊急事態条項」は内閣独裁体制を可能にするものであり、したがって「内閣独裁権条項」と呼ぶべきだと警鐘《けいしょう》を鳴らしています。

たしかに憲法上の緊急事態条項は多数の国が採用しています。しかし、木村草太氏によると、自民党草案における「緊急事態条項」は、他の国々には見られない規模と範囲で、内閣に権限を集中させるものです。以下、木村氏の解説文「緊急事態条項の実態は『内閣独裁権条項』である——自民党草案の問題点を考える」[*1]に沿いつつ、その問題点を見ていきます。

曖昧《あいまい》な発動要件、緩《ゆる》い歯止め

第九十八条の一項では、緊急事態宣言を出すための要件を次のように定めています。

第九十八条　内閣総理大臣は、我が国に対する外部からの武力攻撃、内乱等による社会秩序の混乱、地震等による大規模な自然災害その他の法律で定める緊急事態において、特に必要があると認めるときは、法律の定めるところにより、閣議にかけて、緊急事態の宣言を発することができる。

（「自民党草案」、二四頁、*2 傍線は引用者）

この条文は「緊急事態とは何か」という定義を明確にすることなく、それを法律に委《ゆだ》ねています。そのため、緊急事態宣言の発動要件がきわめて不明確になっています。したがって、緊急事態宣言が必要だと内閣が考えさえすれば、かなり恣意的《しいてき》に緊急事態宣言を出せることになります。

同条の二項では、緊急事態宣言には国会の承認が必要と定めています。しかし、その承認は事後でもよいことになっており、手続き上の歯止めがかなり緩《ゆる》くなっているのです。具体的な条文は次のとおりです。

第九十八条二　緊急事態の宣言は、法律の定めるところにより、事前又は事後に国会の承認を得なければならない。

（「自民党草案」、二四頁、*3 傍線は引用者）

緊急事態宣言の効果は強大

緊急事態宣言を出すための要件と手続きがこれだけ緩いものである一方で、第九十九条で定められている緊急事態宣言の効果は強大です。木村氏は四つのポイントを挙げていますが、最初の三つのポイントは、第九十九条一項に関わるものです。

> 第九十九条　緊急事態の宣言が発せられたときは、法律の定めるところにより、内閣は法律と同一の効力を有する政令を制定することができるほか、内閣総理大臣は財政上必要な支出その他の処分を行い、地方自治体の長に対して必要な指示をすることができる。
>
> （「自民党草案」、二五頁、*4 傍線は引用者）

第一に、緊急事態宣言中、「内閣は法律と同一の効力を有する政令を制定」できます。つまり、国会での議論を経ることなく、国民の権利を制限したり、義務を設定したりすることもできるのです。例えば、刑事訴訟《そしょう》法にある逮捕要件の変更も内閣の判断だけでできるようになります。また、裁判所法を変える政令を出して、裁判所の権限を奪うこともできるようになるでしょう。

第二に、内閣総理大臣は、予算の裏付けなしに、「財政上必要な支出その他の処分」を行うことができます。予算は国会での議決を経て初めて成立します。このことを日本国憲法は第八十六条で「内閣は、毎会計年度の予算を作成し、国会に提出して、その審議を受け議決を経なければならない」と定めています（傍線は引用者）。つまり、国会は予算の審議を通じて行政権をチェックしているのです。ところが、自民党草案では、緊急事態宣言が出されれば、この予算による国会のチェックを受けることなく、内閣が財政措置《そち》を講じることができるとしているのです。

第三に、内閣総理大臣は「地方自治体の長に対して必要な指示をすることができる」ようになります。これは、地方自治を内閣の意思で制限できるということです。木村氏によると、この規定も濫用《らんよう》される危険性が高く、首相の意に沿わない自治体の長に「辞任の指示」を出すような事態も考えられます。実際、戦前のワイマール憲法下のドイツでは、中央政府が緊急事態条項を使って社会党系のプロイセン政府の指導者を罷免《ひめん》したといいます。これを今の日本になぞらえるならば、安倍内閣が、辺野古《へのこ》基地問題で対立する翁長雄志《おながたけし》沖縄県知事を罷免するようなものだと木村氏は述べています。

最後に、第四のポイントは、次の第九十九条三項に関わるものです。

第九十九条三　緊急事態の宣言が発せられた場合には、何人も、法律の定めるところに

より、当該宣言に係る事態において国民の生命、身体及び財産を守るために行われる措置に関して発せられる国その他公の機関の指示に従わなければならない。この場合においても、第十四条、第十八条、第十九条、第二十一条その他の基本的人権に関する規定は、最大限に尊重されなければならない。

（「自民党草案」、二五頁、[*5] 傍線は引用者）

この条文によれば、緊急事態中は、基本的人権の「保障」が解除され、「尊重」に止まることになります。つまり、内閣は「人権侵害をしてはいけない」という義務を解かれ、どうしても必要だと判断すれば、人権侵害が許されることになるのです。たとえば、政府の尊重する範囲内でしか報道の自由が許されず、土地収用などの財産権侵害に歯止めがかからなくなるかもしれません。

この条文末尾《まつび》の「基本的人権に関する規定は、最大限に尊重されなければならない」という文言は、一見すると、危険な条項には思えないかもしれません。しかし、憲法学者の石川裕一郎氏によると、この文言は、「基本的人権も尊重した上ならば制限できる」という解釈を可能にするものです。したがって、集会やデモが規制されたり、報道管制が敷かれたり、裁判を受ける権利が制限されたりしても、おかしくないのです。*6

以上、要するに、自民党草案の緊急事態条項によれば、内閣は、曖昧《あいまい》かつ緩《ゆる》やかな条件や手続きによって、緊急事態を宣言できるのです。その緊急事態中に、三権分立・地方自治・基本的人権の保障を制限、あるいはほぼ停止させてしまえば、内閣は独裁体制を作り上げることが可能になるでしょう。

アメリカやドイツでは大統領や内閣に立法権を与えない

木村氏によると、アメリカやドイツの憲法では、緊急時においてさえ、大統領や内閣には立法権が与えられていません。アメリカ憲法で緊急時に大統領に与えられているのは、議会を招集する権限だけです（合衆国憲法二条三節）。大統領には原則として議会招集権がありませんが、緊急時には議会を招集できるとされています。しかし、緊急事態だからといって、大統領に立法権まで与えているわけではありません。

ドイツでは、外国からの侵略があった場合に、州議会から連邦議会に権限を集中させたり、上下両院の議員からなる合同委員会が一時的に立法権を行使したりできます（ドイツ連邦共和国基本法十a章）。これは立法に関わる議員の数を減らすことで迅速な対応をさせるのが目的であり、三権分立の原則は守られており、自民党草案のように、行政府である内閣に立法権を与えるのとは全く性質が異なります。

このように自民党草案は、緊急事態の際には内閣が立法府（議会）の権限を無視することを可能にするという点で、〝内閣独裁〟につながる危険なものだと言わざるをえません。

フランスや韓国では要件が厳格

木村氏によると、たしかにフランスや韓国には、大統領が一時的に立法に当たる権限を含む措置《そち》をとれるとする規定があります。しかし、その発動要件は厳格です。フランスでは「国の独立が直接に脅かされる」場合に限定されており（フランス第五共和国憲法十六条）、韓国では「国会の招集が不可能になった場合」に限定されています（大韓民国憲法七十六条）。その理由は、行政府に立法権を与えることはあまりに危険なので、それができる要件をかなり厳格に制限しているのです。それに比べて自民党草案では、緊急事態の定義を、変更が難しい憲法では厳密に行わず、単純過半数で変更できる法律に委《ゆだ》ねています。ですから、その発動要件は国会での力関係で変化しやすく、解釈の範囲も広がるということになります。

憲法上の緊急事態条項は多くの国で採用されています。しかし、繰り返しになりますが、自民党草案のように、内閣に独裁的な権限をきわめて緩やかな要件で与えるような緊急事態条項を定めている国は存在しないのです。

現行憲法でも緊急事態に対応できる

さらに木村氏によれば、現行の日本国憲法でも、緊急事態への対応は可能です。というのも、戦争や災害の場合に、国内の安全を守り、国民の生命・自由・幸福追求の権利を保護する権限は、内閣の行政権に含まれるからです（日本国憲法十三条、六十五条）。したがって、そのために必要な法律が、国会での審議を経て定められていれば、内閣は十分に緊急事態に対応できます。

実際、緊急事態については、すでに詳細な法律規定が整備されています。侵略を受けた場合は武力攻撃事態法、内乱には警察官職務執行法や自衛隊の治安出動条項、災害には災害救助法や災害対策基本法があるのです。それでもなお、緊急事態の対応に新たな法律が必要ならば、内閣は国会を召集し（憲法五十三条）、法案を提出して（憲法七十二条）、国会の議決を得ればよいのであって、自民党草案のように、憲法の中で内閣に独裁的な立法権限を与える余地を定める必要はないのです。

＊1　木村草太「緊急事態条項の実態は『内閣独裁権条項』である――自民党草案の問題点を考える」ＷＥＢＲＯＮＺＡ（二〇一六年三月十四日）http://webronza.asahi.com/politics/articles/2016030100008.html（二〇一六年十月十一日アクセス）
＊2　「日本国憲法改正草案　自由民主党　平成二十四年四月二十七日決定」https://jimin.ncss.nifty.com/pdf/news/policy/130250_1.pdf（二〇一六年十月十四日アクセス）
＊3　前掲URL
＊4　前掲URL
＊5　前掲URL
＊6　石川裕一郎「改憲草案の緊急事態条項は不要どころか有害極まりない」情報産業労働組合連合会（二〇一六年五月十八日）http://ictj-report.joho.or.jp/1605/sp06.html（二〇一六年十月十九日アクセス）

第三章　〝神の子〟の良心に基づく立憲民主主義と平和をめざして

地球温暖化が安全保障を脅かす

これまで見てきたように、安倍政権は隣国を一種の〝仮想敵国〟と見立てた上で、もっぱら軍事力の増強に基づく安全保障を追求しています。しかし、このような国防思想は時代遅れのものであり、第二章で見たように、自ら敵を作り出すことで安全保障環境をかえって悪化させます。それだけでなく、二十一世紀に入って国の安全を新たに脅《おびや》かすようになった重大な要因に全く対応できません。それは気候変動による農林水産資源の劣化であり、生活環境の悪化であり、それに伴う環境難民の増加や社会不安の増大です。

国連安全保障理事会では二〇〇七年四月十七日、地球温暖化が国際紛争の諸要因を悪化させる可能性について公開討論会が開かれました。このことを、谷口雅宣先生は二〇〇七年四月十九日のブログ「地球温暖化と安全保障」で紹介されています。その討議資料はイギリスが用意したもので、地球温暖化が国際紛争の可能性を高めるケースとして、次の四項目が挙げられていました。

①　温暖化で海面が上昇して領土が減少する国が出てくると、周辺国との間で、国境紛争が激化する可能性がある。

②　異常気象で農産物が不作になると、移民が急増して一国の民族構成に変化が起こり、政情が不安定になる。

③　エネルギー輸入元の変更や水系が変化して、紛争が起こる可能性がある。

④　飲料水、耕作地、漁獲量が減少することで、国際関係が不安定になる。

（『小閑雑感 Part10』、一三一頁）

また、谷口雅宣先生は同じブログで、アメリカの退役将官らが書いた『国家安全保障と気候変動の脅威』（*National Security and the Threat of Climate Change*）という報告書の内容を紹介されています。その報告書では、地球温暖化が進むと大規模な民族移動が起き、国境の緊張が高まり、疫病《えきびょう》が拡大し、食糧と水をめぐる紛争が増加するため、アメリカ軍が直接介入する機会が増える恐れがあると指摘されています。その上で、この報告書は、気候変動の問題は国の安全保障戦略の中に組み入れられるべきであるとし、気候変動が地球規模の安全と安定を脅かすレベルに達しないために、アメリカがより強力な役割を果たす必要があると提言しているといいます。[*1] これらを踏まえ、谷口雅宣先生は、「どんなに強力な軍隊をもっても、地球温暖化は防止できない。隣国を仮想敵国に見立てて軍備を増強するという考え方は、前世紀の国防思想である。地球温暖化は国の安全保障の問題でもある」と指摘されています。[*2]

気候変動は未来の問題ではなく、今まさに起こっていることです。たとえば、アメリカのニュース雑誌『*TIME*』が二〇一五年九月七日号で伝えたところによると、深刻な内戦状態に陥っているシリアでは、二〇〇六年から二〇一一年にかけて、国内の広大な地域がひどい旱魃《かんばつ》に見舞われました。気象学者によると、それは気候変動が原因でした。その旱魃により、二〇〇万人もの人々が都市部へと押し寄せました。そのために社会不安が発生し、イスラーム教内部の対立も加わって、ついには内戦になってしまったのです。[*3] つまり、現在も続いているシリアの内戦は、気候変動がその一因となっているのです。そして、そのシリア内戦が原因となって、ヨーロッパへ大量の移民・難民が流れ込み、その受け入れをめぐってEU（欧州連合）の内部に亀裂が生じ、イギリスのEU離脱への動きへと発展しています。

地球温暖化は、現代世界に住む私たち一人ひとりが、石油・石炭・天然ガスなどの化石燃料を主にした地下資源に依存した生活を送っていることが原因です。したがって、その解決のためには、私たち一人ひとりが地下資源の利用を減らし、循環型の地上資源の利用に切り換える必要があります。それには、信念とライフスタイルの変革が不可欠です。それは、一人ひとり

軍備増強より温暖化防止

海面上昇

が正しい行動を〝下から〟積み上げていくことによってのみ可能となります。つまり、国民一人ひとりが〝神の子〟としての自覚を持ち、それを実生活の中で表現し、良心に従って生きることによってのみ可能となるのです。そのような社会の大転換が必要な時期に、従来型の経済発展と軍備拡大を進める安倍政権の方向は誤っていると言わねばなりません。

地下資源・海底資源へのこだわりが敵意を生む

ところが、日本会議が中国への敵意を露《あら》わにし、それに歩調を合わせるように安倍首相が中国への強硬姿勢を表明する際、そこには地下や海底に埋蔵された資源へのこだわりが見て取れます。

たとえば、第二章2で引用した日本会議の小川榮太郎氏の言葉では、尖閣《せんかく》諸島問題で妥協すれば「日本のシーレーンが分断される」という危機感が表明されていました。[*4] シーレーンとは海上輸送路のことであり、中東産油国から日本に輸入される原油は、インド洋を回り、マラッカ海峡を通って南シナ海へ抜けていくルートを通っています。二〇一三年にマラッカ海峡を通過した原油量は一日平均で約一五二〇万バレル（米エネルギー情報局調べ）で、ホルムズ海峡に続いて世界第二位の規模です。[*5]

また、これも第二章2で引用したように、安倍首相は、日本会議主催の集会で「尖閣諸島を断乎《だんこ》として守る」べきことを説いた時、東シナ海のガス田や尖閣沖の排他的《はいたてき》経済水域について言及していました。[*6] 東シナ海では沿岸から二百カイリの排他的経済水域が日本と中国とで重複する領域があることから、海底のガス田開発をめぐって、日中の間で対立が続いています。[*7] また尖閣沖周辺の原油埋蔵量は、経済産業省石油審議会が一九九四年に試算したところによると、約三二・六億バレル（天然ガスを含む原油換算、五・一八億キロリットル）とのことです。[*8] つまり、こうした地下資源・海底資源へのこだわりが、中国への敵意の大きな原因の一つとなっているのです。

石油や天然ガスといった地下資源・海底資源を使用すれば、当然、温室効果ガスを排出する

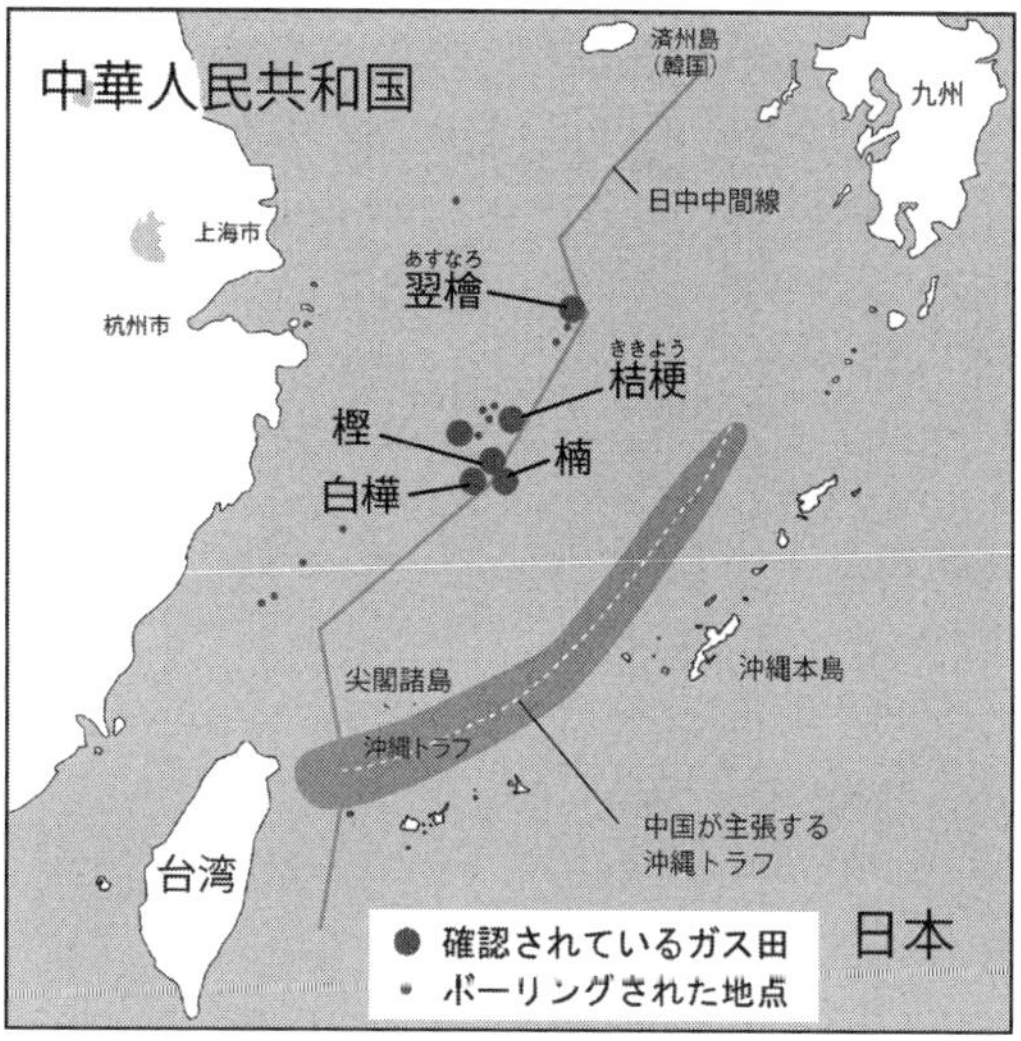

ウィキメディア・コモンズより引用[*9]。元画像をモノクロにし、ガス田の名称を中国名から日本名に変更した。

ことになります。だから、地下資源・海底資源に依存したままでは、その利権をめぐる国家間の対立がなかったとしても、地球温暖化がさらに深刻化することになりますから、安全保障環境は改善するのではなく、悪化することになるのです。

日本は資源のない国？――「地上資源」は豊富にある

日本会議が掲げている運動項目の一つである「国の安全を高め世界への平和貢献を」には、「資源のないわが国」という表現があります。[*10] しかし、それはあくまでも「地下資源」のことです。「地上資源」、つまり太陽光やバイオマス（生物資源）それに地熱など、地上で利用できる資源に目を向ければ、日本は決して「資源のない国」ではないのです。科学者の池内了《さとる》氏は、福島第一原発事故後のエネルギー源のあり方について次のように述べ、「地下資源」ではなく「地上資源」をもっと有効に使うべきだと論じています。

日本は資源のない国といわれるがそれは地下資源のこと。逆に生物資源とか、太陽光、地熱、海洋エネルギーは豊富だ。水資源も豊か。こうした「地上資源」をもっと有効に生かす発想へと転換するのがよい。そのための研究こそが今後の科学技術の中心に据えられるべきだと思う。

（「安全性の理解正確に　見えた弱み克服を」日本経済新聞Ｗｅｂ刊二〇一一年五月九日）*11

池内氏は、有限の地下資源への依存をやめて、事実上無限であり環境と調和できる地上資源への転換が今後の人類の生きる道であることを説いていますが、その池内氏の議論に賛同されつつ、谷口雅宣先生は次のように述べておられます。

地下資源は、地下のあちこちにあるのでなく、特定の地域に偏在しているから、その土地の埋蔵量があるかぎり〝安定〟しているように見えるが、その資源が貴重であればあるほど、土地をめぐって政治的対立が起きやすいし、掘り尽くしてしまえば廃墟《はいきょ》が残るばかりだ。日本国内でも、かつて金山や炭鉱があった場所を思い浮かべれば、そのことがよく分かる。これに比べ「地上資源」は、基本的に循環型である。その源は太陽エネルギーだから事実上「無限」であるが、それが人間に利用できる形になった時——例えば、バイオマス、水力、風力、波力など——は有限であり、安定的でない。だから、地上資源の循環が断たれないように、相互補完的に組み合わせて利用すればいいのである。

（「二〇〇八年三月二十五日 地上資源文明への転換」『小閑雑感 Part13』、六七頁）

つまり、自然破壊につながる有限の地下資源から、自然環境と調和できる循環型の地上資源の利用に切り換えれば、地下資源を奪い合う〝敵〟として他国を見る必要がなくなると同時に、自然環境の悪化に伴う食糧や水をめぐる紛争、そして環境難民の増加や社会不安の増大を防ぐことにつながります。したがって、安全保障を高めるためには、循環型の地上資源に切り換えることが必要不可欠なのです。

選挙権には「公務」としての側面もある

このような循環型の地上資源に切り換えるための政策が民主的に実現されるためには、有権者一人ひとりが、自己利益の追求ではなく、良心の命ずることを「意見表明」や「投票」などの民主的ルールに則《のっと》って行うことが必要です。この関連で重要なのは、憲法学者の木村草太氏が指摘しているように、選挙権には「公務《こうむ》」としての側面があるということです。

選挙権については、「権利」としての側面がしばしば強調されます。昔は限られた人にのみ与えられていた選挙権が一般人にまで認められるようになったとか、戦後、女性の選挙権が認められるようになった、といったことが語られるときに意識されているのは、その「権利」としての側面です。

しかし、「権利」だからといって、自分のことだけを考えて行使すればよいのではありません。どの候補者を国会議員として選ぶかによって、国会でどのような政治が行われるかが変わってくるからです。つまり、選挙は、自分の生活だけでなく、社会全体に対して良くも悪くも影響を及ぼします。ですから、選挙権には「権利」としての側面だけではなく、社会全体に関わる「公務」としての側面を忘れてはいけません。[*12]

すべての生命が神において兄弟姉妹である

この選挙権を国民一人ひとりがどのように行使するかによって、民主主義のあり方が変わってきます。「権利」としての選挙権を自己利益のためにのみ行使すれば、他の人々や他の生命を顧《かえり》みない欲望追求型の民主主義になります。それに対して、自分だけではなく他者のことも思い、さらには人間だけでなく、他の全ての生物にも思いをかけて選挙権を行使すれば、他者や他の生物のためにもなる民主主義が実現できることでしょう。

では、欲望追求型の民主主義にならないためにはどうすればよいのでしょうか。この点で注目されるのは、宗教が民主主義社会で重要な役割を果たしていると、宗教学者の島薗進《しまぞのすすむ》氏が指摘していることです。島薗氏は、「民主主義が適切に機能するためには、人々が共感や連帯感を持って、また、共有する倫理的な前提にそって政治的な課題や問題に向き合うことが必要になってくる。では、そういった共感や連帯感の根は何かと言えば、やはり宗教的な基盤ということになる」と述べています。[*13] ここに、民主主義が適切に機能するために、宗教が果たすべき重要な役割が示されているといえるでしょう。

生長の家の〝人間・神の子〟の教えでは、自己利益のみを考えるのではなく、他の人の利益を思い、さらに人間だけでなく、他の全ての生物のことを考えた投票行動や意見表明を行うことが大切だと考えます。なぜなら、自分のみではなく全ての人間が、そして人間のみならず全ての生物は、神の〝無限〟の表現としてかけがえのない存在であり、全ての生命が神のいのちにおいて一体であり、互いにいのちの兄弟姉妹であることを説くのが、〝人間・神の子〟の教えだからです。谷口雅春先生著『聖経　天使の言葉』では、そのことが次のように表現されています。

汝らの先ず悟《ま》らざるべからざる真理は、
『我《われ》』の本体がすべて神なることなり。
汝ら億兆の個霊《みたま》も、
悉《ことごと》くこれ唯一神霊《ゆいいつしんれい》の反映《うつし》なることを知れ。
喩《たと》えば此処《ここ》に一個の物体の周囲《まわり》に百万の鏡を按《お》きて
これに相対《あいたい》せしむれば一個もまた百万の姿を現《げん》ぜん。
斯《か》くの如《ごと》く汝らの個霊《みたま》も
甲乙相分《こうおつあいわか》れ、
丙丁互《へいていたがい》に相異《あいことな》る相《すがた》を現ずるとも
悉くこれ唯一神霊《ゆいいつしんれい》の反映《うつし》にしてすべて一つなれば
これを汝ら互《たがい》に兄弟なりと云《い》う。
すべての生命《いのち》を互《たがい》に兄弟なりと知り、
すべての生命《いのち》を互《たがい》に姉妹なりと知り、
分《わか》ち難《かた》くすべての生命《いのち》が一体なることを知り、

神をすべての生命《いのち》の父なりと知れば、
汝らの内《うち》おのずから愛と讃嘆の心湧き起こらん。

（『聖経 天使の言葉』、八～一一頁）

そしてこの『天使の言葉』の真理は、谷口雅宣先生著『大自然讃歌』で説かれているとおり、人間のみならず、すべての生命に及ぶものなのです。

「億兆の個霊《みたま》も、悉くこれ唯一神霊《ゆいいつしんれい》の反映《うつし》な」りとの真理、
すべての生命に及ぶべし。
すべての生命互いに兄弟姉妹なりと知れば、
地球生命の繁栄の過程は
神の知恵と愛と生命の表現なること
自《おの》ずから明らかとならん。

（『大自然讃歌』、二〇～二一頁）

生長の家は、一九三〇（昭和五）年の立教以来、〝天地の万物に感謝せよ〟との教えにもとづき、

全人類に万物を神の生命《いのち》、仏の生命《いのち》と拝む生き方をひろめてきました。地球環境問題への取り組みは、現代的な意味での宗教生活の実践です。それは今、国の安全を脅《おびや》かす段階に達している地球温暖化問題の解決にも貢献できるという意味で、世界平和を実現するための活動に他ならないのです。

〝神の子〟の良心に基づく立憲民主主義を支持します

生長の家は、一人ひとりの基本的人権の保障を目的とし、権力の分立を不可欠とする立憲主義を支持します。それと同時に、人々の自由を認める民主主義を大切だと考えます。つまり生長の家は、政治信条としては立憲主義と民主主義を組み合わせた「立憲民主主義《りっけんみんしゅしゅぎ》」を支持しているのです。なぜなら、一人ひとりの主体的で自由な選択が〝神の子〟の良心の表現となることによって、民主主義が善き社会の実現につながることを目指しているからです。そのことを谷口清超先生は、次のように説かれています。

真に美しく立派な神の国が現象的にあらわれるには、全ての人々が本心から純粋な信仰に目ざめ、利益や名誉や出世欲のために神を利用するのではなく、神意を第一として生きて行くことを求めてのみ可能である。政治家も宗教団体の票を当てにするのではなく、信仰の自由の立場から正しい教えを政治的に実践し、神意を第一として、利権や欲得をそれに従属せしめるのである。

けれどもそうなって行くためには、政治家のみならず、学者も、企業家も、芸術家も、全ての人々が何らかの形で正しい信仰を持つようにならなければならない。その傾向が全国的に拡《ひろが》って行ってはじめて神の国に近づいた国家が現実のものとなり、そこには当然中心帰一の姿が各所に具体化して来るものである。と同時に「多」者が全ての意味で尊重され、その個人の主体性が礼讃《らいさん》されるのだ。「多」が「一」に於いてまとまり、宗教的にも様々な団体が現れていながら、お互いに他を傷つけ合うことなく「一」なる真理を伝えようとするのである。

そこには一個が一個として孤立し、他を圧迫するということがないのは、「一仏一切仏」の原理の展開だからである。

（『生長の家は伸びる』、一三〜一四頁、強調は原文のまま）

国民一人ひとりがこのような神意を第一とした生き方をし、〝神の子〟の良心に基づいた意見表明や投票を民主的ルールに則《のっと》って行うことによって、安倍政権の独裁への道を防ぐことができます。安倍政権が対外危機をあおるのに惑わされて、権力の暴走を防ぐための立憲主義をないがしろにしてはいけないのです。立憲主義は、国家権力が暴走し、人々の基本的人権が踏みにじられた過去の歴史から学び取った人類共通の英知の結晶です。権力の濫用《らんよう》を防ぎ、基本的人権を守るための立憲主義は、一人ひとりがかけがえのない絶対価値を持つことを説く〝人間・神の子〟の教えを政治の場に反映させるために、必要不可欠の思想であり、制度であるのです。

*1　谷口雅宣著『小閑雑感Part10』（世界聖典普及協会、二〇〇八年）、一三二頁。
*2　前掲書、一三三頁。
*3　"How Climate Change is Behind the Surge of Migrants to Europe" *TIME*, Sep. 7, 2015 http://time.com/4024210/climate-change-migrants/?xid=fbshare（二〇一六年十月十九日アクセス）
*4　山崎雅弘著『日本会議——戦前回帰への情念』（集英社新書、二〇一六年）、四八〜四九頁。
*5　「東・南シナ海、対立の構図　6つのポイントで解説」日本経済新聞 Visual Data 二〇一五年十一月二十六日公開 https://vdata.nikkei.com/prj2/as-map/（二〇一六年十月十六日アクセス）、JPECレポート2015年度第2回「世界の海上石油輸送のチョークポイント」（二〇一五年四月二十八日）http://www.pecj.or.jp/japanese/minireport/pdf/H27_2015/2015-002.pdf（二〇一六年十月三十日アクセス）
*6　『日本会議——戦前回帰への情念』、四五〜四六頁。
*7　NHK時論公論「東シナ海　中国のガス田開発の狙いは何か?」（二〇一五年七月二十九日）http://www.nhk.or.jp/kaisetsu-blog/100/223968.html（二〇一六年十月十七日アクセス）
*8　J-CASTニュース「尖閣沖は原油や天然ガスの「宝庫」　でも、試掘権の申請は40年近く棚上げ」（二〇一二年九月十六日）http://www.j-cast.com/2012/09/16146285.html?p=all（二〇一六年十月十七日アクセス）

＊9　「東シナ海ガス田掘削マップ」ウィキメディア・コモンズ https://commons.wikimedia.org/wiki/File:East_China_sea_digging_map.svg?uselang=ja（二〇一六年十月三十日アクセス）
＊10　「日本会議が目指すもの」日本会議公式ウェブサイト http://www.nipponkaigi.org/about/mokuteki（二〇一六年十月十五日アクセス）
＊11　池内了「安全性の理解正確に　見えた弱み克服を」『日本経済新聞Web刊』（二〇一一年五月九日）http://www.nikkei.com/article/DGXDZO28123690Y1A500C1TJM000/（二〇一六年十月十六日アクセス）
＊12　木村草太「解散・総選挙に関わる憲法論をどう報じるべきか」WEBRONZA（二〇一五年四月二十七日）http://webronza.asahi.com/journalism/articles/2015040200001.html（二〇一六年十月三日アクセス）
＊13　中島岳志・島薗進著『愛国と信仰の構造――全体主義はよみがえるのか』（集英社新書、二〇一六年）、一八二頁。

【参考文献】（著者五十音順）

安倍晋三・百田尚樹著『日本よ、世界の真ん中で咲き誇れ』（ワック、二〇一三年）

植木千可子著『平和のための戦争論――集団的自衛権は何をもたらすのか？』（ちくま新書、二〇一五年）

木戸幸一『木戸幸一日記　下巻』（財団法人 東京大学出版会、一九六六年）

佐々木毅著『民主主義という不思議な仕組み』（ちくまプリマー新書、二〇〇七年）

佐々木毅・鷲見誠一・杉田敦著『西洋政治思想史』（北樹出版、一九九五年）

佐藤幸治著『日本国憲法論』（成文堂、二〇一一年）

佐藤幸治著『立憲主義について――成立過程と現代』（左右社、二〇一五年）

新日本宗教団体連合会著『信教の自由とは何か。』（公益財団法人 新日本宗教団体連合会、二〇一六年）

菅野完著『日本会議の研究』（扶桑社新書、二〇一六年）

生長の家本部広報・編集部編『生長の家は伸びる――両軸体制ハンドブック』（生長の家、一九八九年）

谷口清超監修・生長の家本部編纂『新編 聖光録』（日本教文社、一九七九年）

谷口雅宣著『小閑雑感 Part10』（世界聖典普及協会、二〇〇八年）

谷口雅宣著『小閑雑感 Part13』（世界聖典普及協会、二〇〇九年）

谷口雅宣著『生長の家ってどんな教え？――問答有用、生長の家講習会』（生長の家、二〇一二年）

谷口雅宣著『大自然讃歌』（生長の家、二〇一二年）

谷口雅春著『生命の實相』頭注版第十四巻倫理篇 下／教育篇（日本教文社、一九六三年）

谷口雅春著『聖経 天使の言葉』（日本教文社、一九七二年）
谷口雅春著『御守護（神示集）』（日本教文社、一九八一年）
谷口雅春著『新版 栄える生活365章』（日本教文社、一九九六年）
中島岳志・島薗進著『愛国と信仰の構造——全体主義はよみがえるのか』（集英社新書、二〇一六年）
野田宣雄著『ヒトラーの時代（上）』（講談社学術文庫、一九七六年）
長谷部恭男著『憲法と平和を問いなおす』（ちくま新書、二〇〇四年）
長谷部恭男著『憲法とは何か』（岩波新書、二〇〇六年）
樋口陽一・小林節著『「憲法改正」の真実』（集英社新書、二〇一六年）
平野仁彦・亀本洋・服部高宏著『法哲学』（有斐閣、二〇〇二年）
防衛省編『平成28年版　日本の防衛—防衛白書—』（日経印刷、二〇一六年）
本庄繁『本庄日記《普及版》』（原書房、一九八九年）
山口二郎・杉田敦・長谷部恭男編『立憲デモクラシー講座　憲法と民主主義を学びなおす』（岩波書店、二〇一六年）
山口定著『ファシズム』（岩波現代文庫、二〇〇六年）
山崎雅弘『日本会議——戦前回帰への情念』（集英社新書、二〇一六年）
山本七平『戦争責任は何処に誰にあるか——昭和天皇・憲法・軍部』（さくら舎、二〇一六年）

谷口雅宣（たにぐち・まさのぶ）

1951年、東京都生まれ。青山学院大学法学部卒、米国コロンビア大学修士課程修了（国際関係論）。新聞記者を経て、2009年から生長の家総裁。現在、国内各都市で開かれる生長の家講習会の講師等をしている。著書に『大自然讃歌』『観世音菩薩讃歌』『宗教はなぜ都会を離れるか？』『生長の家ってどんな教え？』『次世代への決断』『"森の中"へ行く』（共著）『衝撃から理解へ』『日々の祈り』（いずれも生長の家刊）などがある。
http://masanobutaniguchi.com

誌友会《しゆうかい》のためのブックレットシリーズ3

"人間・神の子"は立憲主義の基礎
──なぜ安倍政治ではいけないのか？

2016年11月22日　初版第1刷発行

監　修　谷《たに》口《ぐち》雅《まさ》宣《のぶ》
著　作　生長の家国際本部ブックレット編集室
発行者　磯部和男
発行所　宗教法人「生長の家」
山梨県北杜市大泉町西井出8240番地2103
電　話（0551）45-7777　http://www.jp.seicho-no-ie.org/
発売元　株式会社　日本教文社
東京都港区赤坂9丁目6番44号
電　話（03）3401-9111
FAX（03）3401-9139
頒布所　一般財団法人　世界聖典普及協会
東京都港区赤坂9丁目6番33号
電　話（03）3403-1501
FAX（03）3403-8439
印刷・製本　東港出版印刷
装　幀　J-ART

本書の益金の一部は森林の再生を目的とした活動に寄付されます。
本書（本文）の紙は、FSC®森林管理認証を取得した山梨県有林の木材を使用した「やまなし森の印刷紙」を使用しています。

落丁・乱丁本はお取替えします。
定価は表紙に表示してあります。

ISBN978-4-531-05914-0